Inversión En El Mercado De Valores Para Principiantes

Cómo generar riqueza y alcanzar la libertad financiera con una cartera diversificada utilizando fondos indexados, análisis técnico, opciones, acciones de baja cotización, dividendos y REITS.

Samuel Feron

Contenido

Introducción

¿Miras el periódico por la mañana para ver cómo va el mercado? ¿Te concentras en la tele para encontrar la próxima subida probable de las acciones? ¿Te preocupas constantemente por el dinero que tienes invertido en bolsa? No digas más; es hora de hacer una inversión inteligente para que puedas dormir decentemente. Este libro te ayudará a aumentar tus conocimientos sobre inversiones y bolsa. Como principiante, adquirirás conocimientos sobre la inversión en bolsa.

Probablemente te hayan dicho que tienes que empezar a ahorrar para la jubilación desde que conseguiste tu primer trabajo al salir de la universidad. Invertir en bolsa es la forma más recomendable de conseguirlo.

Cuando lees las noticias sobre las rápidas fluctuaciones del mercado, puede parecer arriesgado. Aunque los valores de las acciones fluctúan a diario, suben a largo plazo y superan a otras inversiones como los bonos y las cuentas bancarias remuneradas. Por ello, las acciones se consideran una inversión adecuada para quienes disponen de mucho tiempo hasta la jubilación.

La popularidad de la inversión en bolsa no ha dejado de aumentar en los últimos 20 años. Sin embargo, la volatilidad del mercado sigue siendo motivo de preocupación. Si eres principiante y quieres invertir dinero en bolsa, estas volatilidades podrían afectar significativamente a tu cartera. En ausencia de una estrategia de inversión, podrías sufrir pérdidas.

Es habitual sentirse intimidado por el mercado de valores y su jerga. Este libro te proporcionará los conocimientos necesarios para entender cómo funciona el mercado de valores y poder empezar a invertir en la creación de tu fondo de jubilación.

Continúa leyendo para saber más sobre el funcionamiento del mercado de valores. Obtén más información sobre los distintos tipos de mercados bursátiles, las razones que explican las fluctuaciones de los precios, cómo comprar y negociar acciones, y mucho más.

1

Comprendiendo La Bolsa

¿Alguna vez has tenido la sensación de estar escuchando un lenguaje extraño cuando oyes hablar del mercado de valores? ¿Uno que realmente quieres entender pero no puedes? No estás solo, eso es seguro.

Podemos ayudarte a comprender mejor el mercado de valores y su funcionamiento para que invertir no te resulte abrumador.

¿Qué son las acciones?

Vamos a diseccionarlo, empezando por lo básico. Las acciones, normalmente denominadas títulos de renta variable, son instrumentos financieros que representan una parte de la propiedad de una empresa que cotiza en bolsa. Al comprar acciones de una empresa, uno se convierte en accionista. La unidad en la bolsa de valores se llama acción, y cuantas más acciones compres, mayor parte poseerás de una empresa. Las empresas emiten acciones con el fin de obtener capital para su expansión.

Existen principalmente dos tipos de acciones: ordinarias y preferentes. La principal diferencia entre ambos tipos es que, mientras que las acciones preferentes no permiten a los accionistas votar en las decisiones corporativas ni participar en los beneficios en expansión de la empresa, las acciones ordinarias sí lo hacen. Las acciones preferentes ofrecen un dividendo fijo más alto.

¿Qué es la Bolsa?

Considere el mercado de valores como una red de bolsas de valores donde los inversores y comerciantes pueden comprar y vender acciones de empresas que cotizan en bolsa. Esta es una forma sencilla de entender el mercado de valores.

Las ofertas públicas iniciales, u OPI, son una forma de que las empresas privadas vendan sus acciones en el mercado. Estas acciones son compradas por inversores, lo que permite a la empresa recaudar fondos del público en general para ampliar sus operaciones. Los inversores pueden comprar y vender las acciones de la empresa en una bolsa que sigue el precio de las acciones una vez que la empresa ha cotizado en bolsa y se ha convertido en sociedad anónima.

El precio al que los compradores y vendedores de valores están dispuestos a negociar está influido por la oferta y la demanda.

¿Cómo funciona la Bolsa?

Para entender bien cómo funciona el mercado de valores, conviene saber que hay dos mercados diferentes: el primario y el secundario.

Los valores se producen en el mercado primario, donde una empresa emite sus acciones a través de una oferta pública inicial (OPI). Recuerda que una OPI se produce cuando una empresa cotiza por primera vez sus acciones públicamente.

Estas acciones y otros miles de títulos se compran, venden e intercambian diariamente en el mercado secundario, esencialmente la bolsa de valores.

Existen dos categorías principales de métodos de inversión a la hora de negociar acciones en bolsa. Como su nombre indica, el day trading o trading diario consiste en comprar y vender las mismas acciones en un mismo día, con operaciones que a veces duran sólo unos minutos o incluso unos segundos. El objetivo es beneficiarse de las variaciones de precio de cada minuto. Luego están las operaciones o inversiones a más largo plazo, en las que el comprador conserva las acciones durante un periodo prolongado para beneficiarse del crecimiento de los beneficios de la empresa a largo plazo.

El mercado de valores tiene dos objetivos fundamentales. En primer lugar, ayuda a las empresas a obtener financiación del público en general -a menudo denominada capital- mediante la venta de acciones que pueden utilizarse para financiar y hacer crecer sus operaciones. Además, ofrece al inversor que compra esas acciones la oportunidad de participar en los beneficios de la empresa. Existen dos formas de que los inversores se beneficien de la propiedad de acciones. Algunas acciones ofrecen un rendimiento del dinero invertido en ellas mediante el pago periódico de dividendos (una determinada cantidad por acción). Como alternativa, la revalorización del capital es otra forma de obtener rentabilidad, que se produce cuando sube el precio de las acciones.

¿Por qué invertir en bolsa?

A lo largo del tiempo, el mercado de valores ha generado una enorme cantidad de riqueza. El índice S&P 500, que agrupa a 500 de las mayores empresas cotizadas de Estados Unidos, ha proporcionado un rendimiento medio de la inversión de entre el 8% y el 12% anual. Una inversión de sólo 10.000 dólares en bolsa hace cincuenta años tendría ahora un valor superior a 380.000 dólares.

Sin embargo, recuerde que la bolsa no siempre sube. Cada diez años, el S&P 500 suele bajar tres veces. Debido a su alto nivel de volatilidad, algunas pérdidas pueden parecer bastante duras. Las acciones, sin embargo, tienen el potencial de generar rendimientos mucho mejores que otras opciones de inversión a largo plazo si sabes controlar tu miedo.

Las ventajas de invertir en bolsa son numerosas. He aquí las siete principales:

1. La oportunidad de obtener mejores rendimientos

La rentabilidad prevista frente a alternativas como los certificados de depósito bancario, el oro y los bonos del Tesoro es la principal razón por la que la mayoría de los inversores eligen las acciones. Por ejemplo, desde 1926, la rentabilidad media anual del mercado bursátil ha rondado el 10%, mientras que la rentabilidad media anual de los bonos del Estado a largo plazo ha oscilado entre el 5% y el 6%.

2. La capacidad de proteger tus activos contra la inflación

Los rendimientos del mercado bursátil suelen superar ampliamente las tasas de inflación. Por ejemplo, desde 1913, la tasa de inflación a largo plazo ha sido, por término medio, del 3,1% anual. Esto es comparable al rendimiento anual de dos dígitos de las acciones. Históricamente, las acciones han sido una protección fiable contra la inflación.

3. La capacidad de generar ingresos pasivos de forma constante

Muchas empresas ofrecen a los inversores dividendos o una parte de sus beneficios. Aunque algunas empresas pagan dividendos con regularidad, la mayoría lo hacen trimestralmente. La nómina o los ingresos por jubilación de un inversor pueden complementarse con los ingresos por dividendos.

4. La satisfacción de ser propietario

Una acción representa una parte de la propiedad de una empresa. Puedes obtener una pequeña participación en una empresa cuyos productos o servicios adoras.

5. Liquidez

La mayoría de las acciones se negocian abiertamente en una bolsa importante, lo que facilita su adquisición y venta. También hace que las acciones tengan más liquidez que otras posibilidades de inversión, como las inversiones inmobiliarias, que no puedes vender fácilmente.

6. Diversificación

Las acciones facilitan la creación de una cartera diversificada que abarca numerosos sectores. Esto puede ayudarte a diversificar tu cartera de inversiones, incluyendo acciones, bonos y criptomonedas como Bitcoin, reduciendo tu perfil de riesgo general y aumentando la rentabilidad.

7. Puedes empezar poco a poco

Los inversores pueden empezar a comprar acciones de menos de 100 dólares porque muchos corredores en línea ofrecen costes de 0 dólares y la opción de adquirir acciones fraccionarias.

Riesgos de la inversión en bolsa

Como inversor u operador, a menudo te encuentras con la advertencia: "Las inversiones en los mercados de valores están sujetas a riesgos". ¿Te has planteado alguna vez qué tipo de riesgos son habituales en el mercado de valores? Si eres un inversor que lleva tiempo invirtiendo en el mercado de valores o un inversor novato que quiere intentarlo, debes comprender los numerosos riesgos que pueden afectar a tu inversión.

Nuestro objetivo es ayudarte. Esta sección te presenta los principales riesgos de los mercados de valores.

Riesgo de mercado o riesgo sistémico/sistemático

Es el riesgo al que se enfrentan las inversiones como consecuencia de los resultados económicos generales del mercado y del país. Más que una sola empresa, el riesgo es la caída de todo un mercado.

Algunos ejemplos de riesgo sistémico o de mercado son el Lunes Negro de 1987, el desastre bursátil del 28 de septiembre de 2008 y el hundimiento del mercado en marzo de 2020 provocado por la pandemia.

El riesgo sistémico suele ser impredecible porque afecta a todo el ecosistema del mercado. Para mitigar los efectos de los riesgos sistémicos existen algunas estrategias, como las carteras de cobertura, los productos de rentabilidad contraria al mercado y los bienes de mercado correlacionados conocidos.

Riesgo no sistemático

El riesgo no sistemático, a diferencia del riesgo sistemático, es el riesgo relacionado con un negocio o sector específico. También se denomina riesgo no sistemático, específico, residual y diversificable.

Los factores de riesgo no sistemático incluyen cosas como la entrada de nuevos competidores en el mismo sector; una gestión ineficaz; fallos en el modelo de empresa; ajustes en la estructura de capital; producción de bienes no deseados; huelgas laborales, etc.

El riesgo no sistemático puede ser un riesgo empresarial, que se produce cuando situaciones operativas, financieras o de mercado afectan negativamente a las actividades de una empresa.

Los riesgos no sistemáticos pueden minimizarse porque son diversificables. Diversificando tu cartera, puedes reducir en cierta medida el riesgo no sistemático comprando acciones de varias empresas e industrias.

Riesgo de inflación

El riesgo de inflación, también conocido como riesgo de poder adquisitivo, es el riesgo que implica que el flujo de caja de una inversión se deprecie más adelante debido a la reducción de su poder adquisitivo a causa de la inflación. Todos los tipos de inversión conllevan cierto nivel de riesgo de inflación.

El riesgo de inflación está limitado en el tiempo. Un método para evitar el riesgo de inflación consiste en hacer ajustes en tu cartera y elegir inversiones que proporcionen una tasa de rendimiento más alta después de tener en cuenta la inflación.

Riesgo de liquidez

El riesgo de liquidez aparece cuando no puedes adquirir o vender tu inversión con la suficiente rapidez. Por ejemplo, es posible que desees vender valores de una empresa de pequeña capitalización para destinar los ingresos a otra clase de activos. Sin embargo, corre el riesgo de quedarte sin liquidez si no encuentras compradores a los que vender esos valores.

Antes de comprar cualquier clase de activos, fíjate en los volúmenes negociados para minimizar el riesgo de liquidez.

Riesgo de volatilidad

El riesgo de volatilidad se desarrolla cuando el precio de una empresa oscila con el tiempo. Ten en cuenta la estabilidad de precios, los volúmenes negociados, las oscilaciones de precios anteriores y otros factores para reducir el riesgo de volatilidad.

Riesgo de flujo de caja

También conocido como riesgo de cambio o de tesorería, es el riesgo potencial de sufrir pérdidas financieras debido a las variaciones de los tipos de cambio. Cuando inviertes en divisas o en instrumentos que se cambian en divisas, corres el riesgo de sufrirlo.

A continuación se enumeran los posibles riesgos asociados a tus inversiones. Aunque no puedes evitar completamente estos riesgos al invertir, puedes reducirlos con diversas herramientas y soluciones.

Aquí te hemos presentado los riesgos de todo el mercado de valores. Antes de invertir tu dinero, debes considerar los riesgos y las posibles recompensas. No hay rentabilidad sin riesgo; por lo tanto, sopesar los riesgos y las recompensas debe ser un componente clave de cualquier decisión de inversión.

2

Establecer Objetivos De Inversión

Cuando inviertes para tu estabilidad financiera futura, asigna efectivamente tu dinero a un activo creado para que tus fondos aumenten de valor con el tiempo.

Si estás considerando tus objetivos financieros, probablemente tengas una noción clara de lo que esperas conseguir con tu dinero. Conocer tus necesidades, objetivos y nivel de tolerancia al riesgo es un excelente punto de partida.

Sin embargo, también debes tener en cuenta otros elementos que afectarán a tus objetivos de inversión, como tus ingresos, tu edad y tus perspectivas de futuro.

Considerar detenidamente tus objetivos de inversión te será de gran utilidad, teniendo en cuenta que el tiempo será un componente clave. La rapidez con la que desees disponer de tu dinero influirá en gran medida en la forma de establecer tus objetivos de inversión.

Determinar tus objetivos de inversión

Según algunos estudios, más de la mitad de los trabajadores estadounidenses van retrasados en sus ahorros para la jubilación. El objetivo financiero último de muchas personas es la jubilación, así que ¿por qué tantos se quedan cortos? No establecer y mantener objetivos de inversión específicos a lo largo del tiempo puede ser una de las causas.

Si no puedes identificar tus objetivos en primer lugar, alcanzarlos no será fácil. Aunque empezar como nuevo inversor puede resultar aterrador para algunos, conocer tus principales prioridades puede aumentar la probabilidad de que consigas alcanzarlas.

Te ayudaría tomarte el tiempo necesario para considerar qué es esencial para ti antes de definir unos objetivos de inversión concretos. ¿Tienes intención de tener hijos? ¿Cuándo piensas jubilarte? Puedes saber más sobre lo que te importa teniendo en cuenta las respuestas a preguntas como éstas.

A partir de ahí, puedes empezar a definir tus objetivos financieros, que son los acontecimientos de la vida para los que tendrás que empezar a ahorrar e invertir. Jubilarte, casarte, tener hijos y comprar una casa son ejemplos comunes de objetivos de inversión. He aquí algunos pasos que te ayudarán a fijar y alcanzar tus objetivos.

A continuación, te indicamos cómo elaborar un plan práctico para alcanzar tus objetivos de inversión en un plazo de tiempo determinado en función de los mismos.

1. Objetivos - Piensa en tus motivaciones para invertir

Ganar dinero es el principal objetivo de la inversión, pero también intervienen otros factores. ¿Qué vas a hacer con ese dinero? Supongamos que es para compensar un déficit de ingresos, planificar la jubilación, pagar deudas existentes o comprar otro activo. En ese caso, debes estar preparado para un compromiso a medio o largo plazo, que suele durar al menos cinco años. Ahorrar puede ser mejor si tu objetivo es hacerte rico antes de ese plazo.

2. Riesgo - Considera cuánto riesgo vas a asumir

El valor de tu inversión puede aumentar o disminuir; en última instancia, tus metas y objetivos de inversión dependerán de lo cómodo que te sientas asumiendo riesgos. Considera dónde puedes asumir riesgos y dónde no, teniendo en cuenta al mismo tiempo tus otros objetivos financieros. Por ejemplo, si te estás acercando a la jubilación, querrás evitar pérdidas significativas antes de retirar tus fondos.

3. Tiempo - Determina tu marco temporal para invertir

En general, cuanto más tiempo esté invertido tu dinero, mayores serán las posibilidades de que aumente su valor y te ayude a alcanzar tu objetivo. Sin embargo, el tiempo que inviertas dependerá de los resultados que esperes obtener. Cualquier cosa para la que vaya a necesitar dinero en los próximos cinco años o menos suele considerarse a corto plazo, mientras que los objetivos a cinco o diez años se consideran a medio plazo. Los objetivos a largo plazo suelen abarcar plazos de más de diez años.

4. Planificar - Crea una estrategia de inversión

Sería conveniente que encontraras las opciones de inversión adecuadas cuando tengas claros tus objetivos y metas y después de haber reflexionado sobre cuánto riesgo y tiempo puedes aceptar. Por lo general, es aconsejable empezar con una inversión de bajo riesgo, como las ISA en efectivo. Los fondos comunes de inversión y otras inversiones de riesgo medio podrían incluirse si toleras una mayor volatilidad. No estarás preparado para algo con un mayor nivel de riesgo a menos que hayas acumulado varias inversiones de riesgo bajo y medio.

5. Diversificar - Crea una cartera diversificada

Crear una cartera de inversiones equilibrada y diversificada es una de las estrategias más eficaces para protegerse de los altibajos del mercado. La economía, los tipos de interés, la política, las guerras y el tiempo pueden influir en la inversión. Lo que es bueno para una inversión puede ser malo para otra, de modo que cuando una va bien, otra puede ir mal. Por lo tanto, invertir todo tu dinero en un solo tipo de inversión es peligroso.

Horizonte temporal y tolerancia al riesgo

Tu horizonte temporal es el tiempo que prevés mantener una inversión antes de solicitar un rendimiento. ¿Necesitarás el dinero que pretendes invertir en unos meses, unos años o décadas? Es importante tener en cuenta tu horizonte temporal al seleccionar los activos.

Es fundamental considerar cuánto tiempo necesitarás invertir para alcanzar un objetivo de inversión específico. Para ayudarte a alcanzar objetivos con distintos horizontes temporales, tu cartera puede contener diversas inversiones.

Los objetivos de inversión a corto plazo incluyen ahorrar para una gran compra que no se realizará hasta dentro de tres años o menos; los objetivos de inversión a medio plazo incluyen ahorrar para el pago inicial de una propiedad, lo que podría llevar varios años; y los objetivos de inversión a largo plazo incluyen ahorrar para la jubilación, lo que podría llevar muchos años.

¿Cuál es la relación entre el horizonte temporal y el riesgo?

Tu horizonte temporal y el riesgo de una inversión están interrelacionados. Por lo general, puedes tolerar más riesgo si tu horizonte temporal es más largo. Tienes más tiempo para recuperarte si una inversión no funciona como esperabas.

Por ejemplo, puedes asumir un riesgo adicional cuando consigas tu primer empleo a tiempo completo y empieces a ahorrar para la jubilación. No te jubilará hasta dentro de muchos años, por lo que no necesitarás el dinero de tus inversiones para la jubilación ahora mismo. Como tienes un horizonte a largo plazo, puedes seguir ganando dinero mientras gestionas tus inversiones a través de las subidas y bajadas del mercado.

Invertir siempre conlleva cierto riesgo. Además, algunas inversiones son más arriesgadas que otras. Un mayor riesgo de inversión puede ser adecuado para tus objetivos de inversión. Una estrategia más arriesgada puede provocar una mayor volatilidad, pero con el tiempo puedes obtener mayores beneficios.

Considera la posibilidad de utilizar un enfoque de inversión menos arriesgado si tienes un horizonte temporal corto y necesitas el dinero en pocos años.

¿Qué tipo de inversiones son adecuadas para tu horizonte temporal?

Algunos productos de inversión son más adecuados para objetivos a corto plazo. Otras inversiones tienen sentido con una perspectiva a más largo plazo.

Para un inversor a corto plazo, las inversiones como el efectivo y los bonos a corto plazo tienen relativamente poco riesgo. Por ejemplo, supongamos que estás ahorrando para un viaje dentro de dos años.

El efectivo y los bonos a corto plazo pueden ser peligrosos para un inversor con un horizonte de inversión a largo plazo; supongamos que estás acumulando dinero para la jubilación. La escasa rentabilidad de las inversiones a corto plazo podría no ser suficiente para satisfacer tu objetivo de jubilación a largo plazo o mantenerte al día con la inflación.

En comparación, un inversor a corto plazo puede considerar que inversiones como las acciones son muy arriesgadas. Esto se debe a que su valor puede fluctuar mucho. Si inviertes en acciones mientras ahorras a corto plazo para un viaje, es posible que no recuperes tanto como invertiste.

A largo plazo, las acciones tienen un rendimiento potencial más alto que el efectivo y los bonos. Las acciones también pueden ser una mejor opción para las personas que ahorran para objetivos a largo plazo. Esto se debe a la capacidad del mercado bursátil para variar a corto plazo, pero, en general, mostrar un fuerte rendimiento a largo plazo.

Crear un plan financiero y un presupuesto

La planificación financiera es la forma en que una persona puede evaluar su situación económica y prepararse para alcanzar sus objetivos financieros a corto y largo plazo. La planificación financiera incluye algo más que la gestión de inversiones, como elegir qué acciones comprar; también incluye la planificación fiscal, patrimonial y de seguros, así como la elaboración de presupuestos y la gestión de los gastos habituales del hogar.

Lo más probable es que tuvieras un plan para los acontecimientos más importantes de tu vida. Por ejemplo, tu boda supuso un compromiso y una conversación, y se ajustó a un calendario y un presupuesto, incluso si se excedió ese presupuesto reservando una mesa de última hora para los familiares. La lógica de una planificación financiera inteligente es la misma.

Esta sección te guía a través de los pasos que debes dar para desarrollar un plan financiero personal y organizar tus finanzas. Estos consejos pueden ayudarte a combinar los objetivos a largo plazo con los deseos a corto plazo, así como esos imprevistos que surgen en el camino, para todo, desde las provisiones que necesitas hasta la jubilación que deseas o el inminente gasto de reparación del coche.

Con sólo nueve sencillos pasos, tendrás una buena base sobre la que construir el resto de tu vida.

Si ya has iniciado algunos de estos pasos, no hay problema. Incluso si no lo has hecho, no pasa nada. Empieza con una tarea y sigue avanzando. (O bien, emprende todos los pasos durante un largo y lluvioso fin de semana con una gran cafetera y un cachorro a tus pies).

Pongámonos en marcha.

1. **Establece objetivos financieros** - comprender por qué ahorras el dinero que tanto te cuesta ganar suele ser una buena idea.

2. **Planifica los impuestos-** Un plan fiscal puede aumentar significativamente el dinero que retienes para el año siguiente.

3. **Crea un fondo de emergencia** - Incluso la mejor planificación no servirá de nada si no estás preparado económicamente para afrontar los imprevistos de la vida. Un fondo de emergencia puede ser útil en situaciones como esa.

4. **Gestiona las deudas** - Un aspecto importante del desarrollo de una estrategia financiera es comprender y gestionar las deudas.

5. **Asegúrate** - Invierta en seguros, ya que la vida puede cambiar de repente. Los buenos planificadores financieros esperan lo mejor y se preparan para lo inesperado. Los seguros son útiles en este caso.

6. **Plan de jubilación** - Piensa en lo que quieres que tu dinero pueda hacer por ti cuando te jubiles, aunque quede mucho tiempo, y construye una estrategia para hacerlo realidad.

7. **Invierte dinero fuera de tu plan 401(K)** - Toma tu plan de ahorro y poténcialo para que te ayude a alcanzar tus objetivos a medio y largo plazo. Invertir puede ayudarte a conseguirlo.

8. **Ten un plan de sucesión** - No hace falta ser rico,

viejo, estar casado o ser padre para necesitar un plan de sucesión. Un plan de sucesión especifica quién tomará las decisiones médicas y financieras por ti en caso de que tú no puedas hacerlo.

3

Construir Una Cartera Diversificada Con Fondos Indexados

Invertir en fondos indexados es una gran opción para los principiantes por sus muchas ventajas. Por ejemplo, suelen tener costes bajos, necesitan poco mantenimiento y pueden tener diversificación incorporada. El inversor típico suele tener suficiente diversificación en una cartera sencilla de 2 ó 3 fondos indexados. Estos fondos suelen gestionarse de forma pasiva, lo que significa que ningún gestor humano toma las decisiones de inversión. En su lugar, suelen tratar de seguir la evolución del índice S&P 500.

Por supuesto, esto no implica que los fondos indexados sean intachables. Renunciar a la mayor parte del control sobre los activos de su cartera es el principal compromiso que asumen los inversores al utilizar fondos indexados. Además, no suelen ser tan diversos como cabría esperar.

Sin embargo, los fondos indexados pueden ser una gran opción para los inversores principiantes o las personas que no quieren dedicar mucho tiempo a supervisar sus carteras. A continuación, te mostraremos cómo adquirir los mejores fondos indexados y aprovechar algunas de sus principales ventajas.

¿Qué son los fondos indexados?

Un fondo indexado es un fondo de inversión que invierte en valores que se asemejan mucho a los de un índice de mercado específico. Esto sugiere que el rendimiento del plan será coherente con el índice de referencia que supervisa.

Un índice es una colección de valores que caracteriza a un sector específico del mercado. Los fondos indexados se consideran de gestión pasiva, ya que siguen un índice determinado. Los valores negociados en un fondo de gestión pasiva se basan en el índice de referencia subyacente. Además, los fondos de gestión pasiva no necesitan un grupo profesional de especialistas en investigación para detectar oportunidades y seleccionar los mejores valores.

Un fondo indexado se construye para replicar el rendimiento de su índice, a diferencia de un fondo gestionado activamente que trabaja más y más duro para cronometrar y superar al mercado. Como resultado, los rendimientos de los fondos indexados coinciden con los del índice de mercado subyacente.

Salvo por una pequeña variación conocida como error de seguimiento, los rendimientos son aproximadamente equivalentes a los del índice de referencia. La gestión del fondo suele esforzarse por minimizar esta imprecisión.

¿Por qué invertir en fondos indexados?

A continuación se enumeran algunas ventajas de las que disfrutan los fondos indexados:

Costes bajos

Dado que un fondo indexado refleja su índice de referencia subyacente, no es necesario un equipo eficiente de analistas de investigación para ayudar a los gestores de fondos a seleccionar las mejores empresas. Además, no hay negociación activa de valores. Todos estos elementos contribuyen a reducir los costes de gestión de un fondo indexado.

Inversión imparcial

Los fondos indexados invierten mediante un proceso automatizado basado en leyes. El mandato del gestor del fondo establece cuánto dinero debe invertirse en los fondos indexados de distintos valores. De este modo, se eliminan los juicios o prejuicios humanos a la hora de tomar decisiones de inversión.

Amplia exposición al mercado

Para garantizar que la cartera esté diversificada en todos los sectores y valores, las inversiones se realizan en una proporción similar a la de un índice. Como resultado, un inversor puede utilizar un único fondo índice para captar los rendimientos probables del sector más amplio del mercado. Si decides invertir en el fondo índice Nifty, tendrás acceso a 50 valores distribuidos en 13 industrias diferentes, desde la farmacéutica hasta los servicios financieros.

Ventajas fiscales

Debido a su gestión pasiva, los fondos indexados suelen tener una baja rotación o pocas operaciones realizadas por un gestor de fondos en un año determinado. Menos operaciones significa que los partícipes reciben menos dividendos por plusvalías.

Más fáciles de gestionar

Los fondos indexados son más fáciles de gestionar, ya que los gestores no tienen que preocuparse de cómo trata el mercado a los valores que componen el índice. Todo lo que un gestor de fondos tiene que hacer es reequilibrar periódicamente la cartera.

Tipos de fondos indexados

Existen numerosas variedades de fondos indexados. A continuación te ofrecemos lo que necesitas saber sobre los distintos tipos de fondos indexados.

Fondos indexados de mercados amplios

Los mercados invertibles, como los de acciones, bonos u otros activos invertibles, son lo que pretenden representar los fondos indexados de mercados amplios. Mientras que los fondos indexados que siguen todo el mercado bursátil contendrán empresas de ambos sectores, muchos fondos indexados sólo siguen un subconjunto de todo el mercado bursátil, como el universo de gran o pequeña capitalización. Los fondos indexados de mercados amplios son fantásticos si buscas una exposición de bajo coste a toda una clase de activos o a un país o región concretos.

Fondos indexados por capitalización bursátil

Los fondos indexados por capitalización bursátil realizan inversiones basadas en diversas capitalizaciones bursátiles. Las empresas pueden dividirse en función de estas cifras, siendo la capitalización bursátil de una empresa igual al valor total de sus acciones en circulación. Los fondos de pequeña capitalización suelen invertir en empresas con capitalizaciones de mercado inferiores a 2.000 millones de dólares, mientras que los fondos de gran capitalización, como los que siguen al S&P 500, suelen invertir en empresas con capitalizaciones de mercado superiores a 10.000 millones de dólares. Un fondo centrado en la mediana capitalización se situaría en algún punto intermedio entre ambos.

Fondos indexados de igual ponderación

La mayoría de los fondos de índices bursátiles se ponderan en función de la capitalización bursátil, lo que indica que la cartera del fondo incluirá principalmente las empresas más valiosas. Aunque esto tiene un sentido lógico, se corre el riesgo de sobrevalorar una empresa que represente una cantidad considerable de los activos del fondo. Los fondos indexados de igual ponderación abordan este problema manteniendo en cada cuenta el mismo porcentaje de los activos del fondo. Cada inversión en un fondo con 100 participaciones representará alrededor del 1% de la cartera total.

Deuda y fondos indexados de renta fija

Existen numerosas formas de invertir en renta fija o deuda a través de fondos indexados, aunque la mayoría de la gente suele pensar en inversiones en acciones cuando piensa en fondos indexados. Estos fondos tienen ratios de gastos más bajos que los fondos gestionados activamente porque siguen índices de bonos como los fondos de acciones siguen índices bursátiles conocidos. Los bonos pueden ser un componente importante de tu cartera, sobre todo a medida que se acerca la jubilación.

Fondos indexados por sectores

Los fondos indexados basados en sectores son probablemente una excelente opción para tu cartera si tienes un punto de vista determinado sobre un sector concreto de la economía. Estos fondos pueden ser útiles para expresar opiniones financieras sin dedicar tiempo a investigar activos específicos. Si crees que los tipos de interés seguirán subiendo, puedes optar por invertir en un fondo centrado en los sectores financiero o tecnológico.

Fondos indexados internacionales

Dado que puedes adquirir una cartera diversificada a través de un único fondo, los fondos indexados pueden ser una forma sencilla de exponerse a regiones geográficas fuera de Estados Unidos. Aunque no estés familiarizado con cada una de las empresas del fondo, podría interesarte invertir allí una parte de toda tu cartera si tienes una perspectiva favorable de la economía de la nación o región. Acceder a las economías de Europa o de la zona Asia-Pacífico resulta sencillo con estos fondos extranjeros.

Fondos indexados socialmente responsables

Dado que los inversores se preocupan cada vez más por cómo se invierte su dinero y no sólo por el rendimiento de sus inversiones, los fondos indexados con conciencia social han ganado popularidad. Algunas empresas hacen ahora hincapié en cuestiones medioambientales, sociales y de gobernanza, y están representadas en índices que siguen valores de renta variable con ese atractivo. Algunas empresas están excluidas de otros índices socialmente responsables debido a su actividad comercial. Las nuevas empresas pueden vender tabaco, alcohol, armas, entretenimiento para adultos o juegos de azar.

Guía paso a paso para comprar fondos indexados

Invertir en fondos indexados es sencillo. No necesitas mucho para empezar y, gracias a los brokers de Internet, puedes hacerlo en cuestión de minutos.

1. Elige un broker

Elegir dónde invertir tu dinero es lo primero que debes hacer. Abre una cuenta con el broker que ofrezca el fondo deseado o con el broker de tu elección. Dado que la mayoría de los principales brokers ofrecen sus fondos indexados, el rendimiento debería ser comparable entre brokers, ya que estos productos suelen seguir los principales índices.

Sin embargo, existen pequeñas variaciones entre los corredores que podrían afectar a tu elección. Vanguard ejemplifica una empresa que es propiedad de inversores, lo cual es significativo para algunos inversores. El sitio web de Fidelity suele considerarse más fácil de usar. Otros tienen herramientas de negociación más sofisticadas, como T.D. Ameritrade. Elegir el mejor broker, por tanto, implica considerar qué es lo más significativo para ti.

Puedes invertir tu dinero como desees si creas una cuenta con un broker de Internet, sea cual sea el que elijas. Probablemente hay miles de fondos indexados entre los que puedes elegir. Además, normalmente puedes elegir entre abrir una cuenta de jubilación como una cuenta de jubilación individual (IRA) o una cuenta de corretaje.

2. Elige tu fondo indexado

Elegir qué fondo o fondos recibirán tu dinero es el siguiente paso. Existen varias opciones de índices muy conocidos, pero la mayoría de los inversores expertos probablemente se mantendrían alejados de los fondos S&P 500 y U.S. Total Stock Market, porque este último incorpora al primero. Un índice bursátil total abarca todas las empresas que cotizan en bolsa en Estados Unidos, mientras que el S&P 500 sólo incluye alrededor de 500 de las mayores corporaciones estadounidenses.

Más allá de esto, cómo distribuyas tus fondos es una cuestión de preferencia personal.

3. Invertir en acciones de fondos indexados

El trabajo duro está hecho una vez que has seleccionado tu agente y tu(s) fondo(s); lo único que te queda es comprar acciones. Si inviertes en varios fondos, aún debes elegir cuánto dinero destinar a cada tipo de fondo.

Los inversores más jóvenes que planifican su jubilación deberían plantearse invertir una mayor parte de su cartera en productos de mayor riesgo, incluidas acciones, ya que disponen de más tiempo antes de necesitar el dinero. Sin embargo, dado que los bonos y otras inversiones de menor riesgo tienen menos probabilidades de sufrir una pérdida de valor a corto plazo, las personas que se acercan a la jubilación pueden considerar invertir una mayor parte de sus activos en este tipo de inversiones.

4

Introducción Al Análisis Técnico

La investigación y el análisis de los mercados mediante el análisis técnico pueden ayudar a los operadores a tomar decisiones con mayor conocimiento de causa. Aunque este método existe desde hace siglos, su popularidad se ha disparado en los últimos 20 años, a medida que los datos y las tecnologías se han ido sofisticando. Gracias a Internet, cada vez más personas tienen acceso a estas herramientas y las utilizan para desarrollar sus estrategias de negociación.

Análisis técnico: ¿Qué es?

En su sentido más amplio, el análisis técnico es el examen de los mercados o valores y de las tendencias pasadas de los precios. Se basa en el concepto de que los mercados suelen seguir pautas predecibles y que estas pautas pueden reconocerse y predecirse observando los movimientos históricos de los precios en circunstancias o indicios similares. Luego, a la hora de realizar una operación, puede utilizarse esta información.

Existen numerosas teorías en el ámbito del trading sobre los mercados y cómo ganar dinero con ellos. Una de ellas, la hipótesis del mercado eficiente (HME), afirma que es imposible "batir a los mercados", puesto que el precio de mercado ya ha considerado toda la información pertinente disponible. Aunque esta hipótesis sea correcta, ningún individuo podría llegar a comprender todos los hechos relativos a un mercado, y mucho menos a numerosos mercados. Para ayudarnos en esta situación, recurrimos a métodos como el análisis técnico.

Cómo funciona el análisis técnico

En esta sección se analizarán los tres principios fundamentales del análisis técnico:

La actividad del mercado lo explica todo

El primer principio del análisis técnico es la convicción fundamental de que la hipótesis de los mercados eficientes es cierta. Esto significa que el precio de las acciones refleja toda la información actualmente accesible sobre el valor de una acción. Cuando se hace accesible nueva información que podría afectar al valor de una acción, el mercado la asimila de forma inmediata y completa, reflejándose en su precio.

Cambios de precios en tendencias

El segundo principio fundamental se basa en la idea de que los precios seguirán moviéndose en una dirección hasta que un indicador técnico señale un cambio de tendencia. Existen numerosos indicadores técnicos, y cada inversor debe decidir cuál utilizar.

El objetivo es detectar la tendencia y seguirla hasta que muestre síntomas de inversión. Por ejemplo, un inversor puede decidir vender una acción si el precio ha estado subiendo, pero la señal técnica predice de repente que empezará a bajar.

La historia es cíclica

Por último, pero no por ello menos importante, los patrones pasados en los movimientos de las cotizaciones bursátiles tienden a repetirse. Esta rama del análisis técnico utiliza la psicología del mercado para descifrar los patrones de los gráficos de precios. Se cree que la psicología del mercado, que es la emoción de todos los inversores, determina las subidas y bajadas de los precios de los activos. El precio de un valor subirá cuando los inversores lo compren y se sientan optimistas al respecto. Venderán cuando su optimismo disminuya, lo que provocará la caída del precio.

Cómo tomar decisiones de inversión utilizando el análisis técnico

El análisis técnico no es una habilidad que deban poseer los asesores. Sin embargo, deben conocer su importancia creciente y su capacidad para ayudar a los clientes a comprender cómo afectan a su patrimonio las pautas y tendencias de los precios. Cualquier asesor debe recordar las siguientes lecciones esenciales del análisis técnico.

El análisis técnico tiene un componente de profecía autocumplida

Los mercados tienen memoria y son conscientes de los máximos y mínimos que han experimentado anteriormente las acciones, los fondos cotizados o los tipos de interés. Conocer esos niveles y cómo proyectarlos en el futuro es útil, sobre todo teniendo en cuenta la cantidad de dinero que se gasta actualmente en patrones técnicos.

No es difícil aprender los fundamentos, pero se necesita práctica para convertirse en un experto capaz de gestionar los errores de juicio al tiempo que gana o ahorra dinero.

Va más allá de ser una herramienta de trading

Los inversores suelen utilizar los gráficos para el day trading y otras operaciones a corto plazo, pero el análisis técnico es tan valioso para tomar decisiones de inversión como cualquier ratio fundamental convencional. Te resultará útil examinar varios marcos temporales para aprovechar eficazmente las posibilidades de los gráficos.

Los gráficos de precios mensuales pueden ser útiles para comprender las tendencias a largo plazo y detectar posibles puntos de inflexión.

El mejor equilibrio para detectar pautas a corto y largo plazo probablemente se encuentre en los gráficos semanales. Pero entender los gráficos de precios diarios y horarios, e incluso de periodos más cortos, es ventajoso en el clima de mercado actual, más volátil y acelerado.

Si utilizas el análisis técnico para decidir en qué invertir para la cartera de un cliente, podrías fijarte en los gráficos a largo plazo para encontrar perspectivas atractivas y en los gráficos a corto plazo para ayudarte a decidir cuándo y cuánto invertir.

El precio es el centro de atención del análisis técnico, y el precio es objetivo

Los inversores no paran de hablar de posibles subidas de los precios de las acciones, del efecto de las adquisiciones y del futuro crecimiento de los beneficios. Todo eso son conjeturas.

¿Cuál es el valor real de un valor en bolsa? El coste que tú pagaste por él. Además, dispondrás de algo más concreto que cualquier previsión de beneficios de una empresa de corretaje si recopilas un historial de precios reales y aprendes a entender lo que esos patrones de precios te dicen sobre la relación riesgo-recompensa.

Los mercados cuentan continuamente historias que el análisis técnico puede descifrar

Mediante el análisis de gráficos de precios, puedes escuchar la historia del mercado y utilizarla en beneficio de tus clientes. Puedes empezar a notar que se te abren puertas si empiezas a sacar este tema en las conversaciones con tus clientes con regularidad.

Pedido De Ayuda

Estimado lector,

Quiero dedicar un minuto a agradecerte que nos hayas acompañado hasta aquí en nuestra exploración del mundo de la inversión bursátil. Tu dedicación para obtener más información financiera es notable, y creo que trabajando juntos, podemos ayudar a muchas personas que quieren entender cómo navegar por el complicado mundo de la inversión.

Permíteme hacerte una pregunta rápida:

¿Aprovecharías la oportunidad si significara mejorar la situación financiera de otra persona sin ninguna recompensa o reconocimiento para ti?

Imagina que hay alguien por ahí que es idéntico a ti o incluso una versión anterior de ti mismo. Buscan consejos que les ayuden a moldear su trayectoria financiera y están deseando aprender cosas nuevas. Tu influencia puede tener un gran impacto en esta situación.

En la sociedad conectada de hoy en día, las reseñas tienen mucha influencia. Influyen en cómo se ve un libro y en su relevancia. Al permitir a la gente crear un futuro más próspero, nos ayudan a llegar a quienes desean orientación. Si ya has encontrado valor en este libro, te agradecería que te tomaras el tiempo de darle una reseña honesta. No te costará más que unos segundos.

Al expresar tus ideas, puedes:

- ayudar a otro posible inversor a alcanzar sus objetivos financieros
- dirigir a alguien hacia un camino de riqueza y prosperidad
- proporcionar la claridad y la orientación que alguien necesita para establecer una cartera de inversiones exitosa
- influir positivamente en una vida más.

Es tan fácil como escribir una reseña, un gesto que sólo lleva unos segundos pero que tiene un gran impacto.

PD - He aquí un consejo útil: Alguien te asociará con un objeto valioso que tú le presentes. Considera la posibilidad de recomendar este libro a otros inversores si crees que les resultará útil. Es una gran estrategia para fomentar la camaradería entre tus colegas.

De todo corazón, agradezco tu ayuda y compromiso para cambiar el mundo. Trabajando juntos, podemos ofrecer el poder de la inversión bursátil a todo aquel que lo desee.

5

Operaciones Con Opciones Para Principiantes

Para tener éxito en el mercado bursátil, sería útil aventurarse más allá de las operaciones básicas y las compras limitadas a acciones y fondos cotizados (ETF). Si sabes en qué te estás metiendo y cómo practicar con éxito la negociación de opciones, ésta puede proporcionarte un camino hacia un éxito bursátil significativo.

¿Deseas saber más? Echemos un vistazo detallado a la negociación de opciones para principiantes.

¿Qué son las opciones?

Una opción es un contrato de compra o venta que otorga al propietario el derecho a comprar o vender un valor u otro activo a un precio fijo, ya sea en la fecha de vencimiento del contrato o antes. Considera una opción como la reserva del derecho a comprar o vender un activo, como acciones, al precio establecido en la opción hasta la fecha y hora de vencimiento; ten en cuenta que se trata de un derecho, no de una obligación.

Normalmente, las opciones permiten a los inversores reservarse el derecho a comprar o vender una acción sin comprometerse por adelantado. Esto hace posible que los operadores de opciones reduzcan el riesgo, se beneficien de las condiciones favorables del mercado de valores y eviten las caídas del mercado.

La negociación de opciones también puede compararse con una apuesta sobre el rendimiento de una acción. Por ejemplo, si crees que va a subir mucho, puedes comprar una opción para comprar una acción al precio actual hasta dentro de una semana. Si el precio de la acción sube, puedes comprarla a precio de ganga y venderla más tarde a otro inversor para obtener un beneficio considerable.

¿Cómo funciona el comercio de opciones?

La negociación de opciones se produce cuando una persona firma un contrato para comprar o vender acciones de una empresa por un precio y un periodo determinados. Las opciones de compra y de venta son las dos formas principales o fundamentales de los contratos de opciones.

Una opción de compra te ofrece el derecho a comprar una acción a un precio determinado, mientras que una opción de venta te da el poder de vender una acción a un precio establecido. El comercio de opciones funciona como resultado de dos partes, a saber:

1. **Titulares de contratos que compran opciones -** Los titulares utilizan su opción para comprar o vender las acciones subyacentes antes de que venza el contrato, o pueden dejar que venza el contrato si las circunstancias son desfavorables. El riesgo asociado a la negociación de opciones incluye que el titular del contrato pierda su inversión inicial si el contrato vence.

2. **Vendedores que redactan o venden los contratos de opciones -** Los emisores de opciones ganan con las primas que cobran a los compradores.Es fundamental recordar que la negociación de opciones implica contratos con fechas de vencimiento estrictas y definidas. Puedes comprar o vender un valor o activo hasta la fecha de vencimiento.Considera la situación en la que tienes un contrato de opción de compra para adquirir un valor por $100 hasta el 5 de mayo a las 17:00 horas. Si esperas hasta el 6 de mayo, no podrás comprar el valor por $100, sino que tendrás que pagar el precio actual de mercado que sea.

Tipos de opciones

Una vez establecida la definición de opción, examinemos la opción de compra y la opción de venta, los dos tipos diferentes de contratos de opciones.

Opción de compra

Una opción de compra es un tipo específico de contrato de opciones que otorga al propietario el derecho -pero no la obligación- de comprar un valor u otro instrumento financiero a un precio determinado (o precio de ejercicio de la opción) dentro de un plazo determinado.

Para adquirir una opción de compra es necesario pagar una prima. Como se ha indicado anteriormente, la decisión de utilizar esta opción corresponde exclusivamente al propietario. Puedes dejar que la opción venza si decides que no es lucrativa. Por otra parte, el vendedor debe vender los títulos que desea el comprador. Mientras que las ganancias en una opción de compra pueden ser ilimitadas, las pérdidas se limitan a la prima de la opción.

Utilicemos un ejemplo para comprender mejor qué es una opción de compra. Supongamos que un inversor compra una acción de la empresa XYZ como opción de compra en un día determinado a un precio de ejercicio de $100, con fecha de vencimiento un mes después. El titular de la opción de compra puede seguir comprando las acciones a $100 aunque el precio aumente por encima de $100, por ejemplo a $120, el día de vencimiento.

Una opción de compra permite al tenedor comprar las acciones a bajo precio y luego venderlas para obtener un beneficio si se espera que el precio del valor aumente.

Otros tipos de opciones de compra son los tres siguientes:

1. **Opción de compra In-The-Money** - En esta situación, el precio de ejercicio es inferior al valor de mercado actual del título.

2. **Opción de compra At-The-Money** - Se dice que una opción de compra está at the money si el precio de ejercicio es inferior al precio actual en una cantidad igual a la prima de la opción de compra.

3. **Opción de compra Out-Of-The-Money** - Se considera que una opción de compra está out-of-the-money si el precio de ejercicio es superior al precio actual de mercado del valor.

Opción de venta

La facultad de vender un valor subyacente a un precio de ejercicio determinado dentro de la fecha de vencimiento la proporcionan las opciones de venta al titular de la opción. Esto permite a los inversores fijar un precio mínimo de venta para una determinada inversión. En este caso, el titular de la opción no está obligado a utilizar el derecho. Puede vender la inversión al valor de mercado y renunciar a ejercer la opción si el precio de mercado supera el precio de ejercicio.

Veamos un ejemplo para comprender mejor qué es una opción de venta. Consideremos una situación en la que un inversor adquiere una opción de venta de la empresa XYZ en una fecha concreta con la cláusula de que puede vender la acción por $100 antes de la fecha de vencimiento. Puede seguir vendiendo la acción a $100 incluso si el precio de la acción cae por debajo de $100, digamos a $80. El titular de la opción de venta no está obligado a ejercer la opción si el precio de la acción sube a $120.

Una opción de venta permite al vendedor vender los activos subyacentes al precio de ejercicio y reducir sus riesgos cuando el precio de un valor está bajando.

Al igual que las opciones de compra, las opciones de venta también pueden desglosarse en "In The Money", "At The Money " y "Out Of The Money".

1. **Opción de venta "in the money"** - se da cuando el

precio de ejercicio supera el valor actual de los títulos subyacentes.

2. **Opción de venta At The Money** - Es cuando el precio de ejercicio supera el precio actual en la misma cantidad que la prima pagada por la opción.

3. **Opción de venta Out Of The Money** - cuando el precio de ejercicio es inferior al valor actual.

En función de su ejercicio, las opciones también pueden dividirse en americanas y europeas.

Riesgos y beneficios del comercio de opciones

La mayoría de las técnicas de los inversores en opciones presentan un riesgo limitado y poco potencial de recompensa. La negociación de opciones tiene un potencial ilimitado de pérdidas y no es un plan para hacerse rico rápidamente.

En general, las operaciones necesitan menos capital que las transacciones idénticas de acciones. En lugar de transacciones equivalentes en acciones, pueden reembolsar una proporción mayor de la inversión en lugar de cantidades inferiores en dólares.

Incluso los titulares de opciones que emplean técnicas especulativas como la emisión de opciones de compra sin cobertura seleccionadas para abrir o cerrar las ventanas emergentes de ayuda rara vez obtienen ganancias impresionantes. El beneficio máximo que se puede obtener es la prima del contrato. La pérdida es a menudo más allá del límite. Aunque el apalancamiento permite obtener beneficios porcentuales significativos, se necesita menos efectivo que para compras de acciones comparables.

Las opciones se encuentran entre las opciones de inversión más flexibles, aunque no sean adecuadas para todos los inversores. Las opciones pueden utilizarse para generar ingresos, cobertura, especulación, estrategia alcista, bajista o neutral.

Cómo empezar a operar con opciones

Un contrato de opciones concede al titular el derecho, pero no la obligación, de comprar o vender un activo subyacente a un precio determinado (conocido como "precio de ejercicio") hasta una fecha concreta (denominada "fecha de vencimiento") o en esa fecha, mediante una "opción de compra" o una "opción de venta".

La operativa con opciones puede ser adecuada para ti si ya operas con un activo concreto y deseas ampliar tus perspectivas en el mercado.

1. Familiarízate con tus opciones:

Para apreciar mejor cómo las opciones pueden ayudarte a encapsular una visión del mercado, debes familiarizarte con las numerosas estrategias que puedes emplear y sus perfiles de riesgo antes de empezar a operar con opciones. Para ello, inscríbete en una escuela de negociación de opciones o lee sobre el tema. Un error costoso puede ser pasar por alto una fecha de vencimiento, no ser consciente del nivel de riesgo en que se incurre o negociar con el tipo o estilo de opción equivocados. Por lo tanto, debes comprobar cuidadosamente los detalles y la mecánica operativa de cualquier contrato de opciones que pretendas negociar.

2. Conéctate a Internet:

Es prácticamente necesario un ordenador o dispositivo móvil algo reciente conectado a Internet, ya que normalmente desearás negociar opciones en línea utilizando una plataforma de negociación.

3. Elige un corredor de opciones en línea de buena reputación:

Puedes operar con opciones a través de un montón de brokers online. Elige un corredor debidamente autorizado que ofrezca opciones sobre las clases de activos que más te interesen, así como una plataforma de negociación de opciones fiable con márgenes de negociación reducidos. También es posible que tengas que cumplir ciertos requisitos para negociar opciones con un corredor específico, ya que las opciones son herramientas de negociación más complicadas.

4. Abre una cuenta:

Examina las necesidades de depósito inicial y las opciones de cuenta que ofrece tu broker preferido para determinar cuál se adapta mejor a ti. Para asegurarte de que tienes suficiente dinero en tu cuenta para cubrir las opciones que deseas negociar, también debes informarte sobre los requisitos de margen del corredor para diversas estrategias de opciones.

5. Practica con opciones:

Tiene sentido practicar las operaciones de opciones en una cuenta de demostración antes de negociar opciones con dinero real. Esto te ayuda a comprender el funcionamiento de la negociación de opciones y te proporciona una oportunidad libre de riesgo para practicar utilizando la plataforma de negociación proporcionada por tu corredor.

6. Desarrolla un plan:

Teniendo en cuenta el riesgo en el que incurrirás, es hora de crear y probar unos cuantos métodos de negociación de opciones con una probabilidad razonable de funcionar. A continuación, puede incluirlos en un plan de negociación completo que describa cómo deseas dirigir tu empresa de negociación de opciones y gestionar tu capital de riesgo.

7. Financia tu cuenta y empieza a utilizarla:

Seguir estos pasos te preparará para empezar a negociar opciones en una cuenta real una vez que encuentres una oportunidad que se adapte a tu estilo de negociación en el mercado. Comprueba siempre que tienes suficiente dinero depositado en tu corredor para utilizarlo como margen en tus técnicas de negociación de opciones, y opera sólo con el capital que puedas permitirte perder.

6

Invertir En Penny Stocks

Las penny stocks suelen ser la primera parada adecuada para los inversores principiantes. Como su nombre indica, las penny stocks son empresas que cotizan a un precio bajo, siempre inferior a $1. Es fácil entender por qué los principiantes se sienten atraídos por la idea de invertir en una empresa por unos pocos céntimos y luego vender sus acciones de forma rentable cuando el precio sube a varios dólares. Debido a los precios increíblemente bajos, un inversor puede poseer miles de acciones por una inversión relativamente pequeña. Una ganancia de sólo unos céntimos por acción a esa escala puede dar lugar a importantes rendimientos porcentuales (lo contrario también es cierto).

Pero antes, una advertencia: Debido a su falta de liquidez, a los importantes diferenciales entre precio de compra y precio de venta (cuánto supera el precio de venta al precio de compra de un activo), al reducido tamaño del mercado y al escaso seguimiento y divulgación, estos valores suelen considerarse muy especulativos y de alto riesgo.

Sigue leyendo si crees que estás preparado para empezar a invertir en valores de bajo coste.

¿Qué son las Penny Stocks?

Según la Securities Exchange Commission (SEC), cualquier valor que cotice a menos de 5 dólares por acción se considera penny stock o acción de bajo coste.

Dado que la mayoría de estas empresas son aún jóvenes, tienen bajas capitalizaciones bursátiles y carecen de un historial probado de resultados, los operadores e inversores deben considerarlas apuestas especulativas.

Entonces, ¿qué son exactamente las penny stocks? Bueno, para empezar, son baratas, por lo que no necesitará mucho dinero para abrir una posición grande, ¡y a menudo tienen enormes subidas del 100% o más en un solo día!

La promesa de obtener beneficios tan elevados ha atraído a nuevos operadores de todo tipo, lo que explica por qué se han hecho tan populares.

Debido a la volatilidad de las penny stocks, es igualmente fácil perder todo el dinero o incluso más si se opera con margen.

Antes de poner en peligro el dinero que tanto te ha costado ganar, es fundamental que aprendas cómo operar con ellas y qué debes tener en cuenta.

¿Cómo funcionan las Penny Stocks?

Las penny stocks se negocian como cualquier otra acción, pero conllevan un mayor riesgo. Estas acciones cambian de manos con menos frecuencia debido a su menor volumen, lo que las hace menos líquidas. Las acciones de poco valor son inversiones de riesgo debido a su mayor susceptibilidad a las oscilaciones de precios y a otras variables.

Las penny stocks están formadas por empresas extremadamente especulativas y no probadas, y conllevan un riesgo significativo debido a su menor precio por acción y a su menor capitalización bursátil. Estos valores ofrecen menos información debido a la menor cobertura por parte de los grandes inversores institucionales, lo que hace más difícil tomar decisiones de negociación acertadas. La información suele ser menos fiable porque no están obligadas a presentarla ante la SEC, lo que hace más difícil confiar en ella. Al cambiar diariamente de manos menos acciones de estas empresas que de las acciones ordinarias, las penny stocks también se consideran inversiones sin liquidez. La probabilidad de no encontrar comprador y de vender a un precio desfavorable aumenta cuando hay menos liquidez. Además, estas empresas suelen ser el objetivo de manipuladores de precios que compran muchas acciones antes de inflar artificialmente el precio de la acción con comentarios positivos falsos y engañosos (una práctica conocida como pump and dump).

Ventajas e inconvenientes de las Penny Stocks

La posibilidad de que los operadores diversifiquen sus carteras sin invertir mucho dinero es una de las principales ventajas de estas acciones. Son asequibles, tienen un buen potencial de rentabilidad e incluso pueden ayudar a los operadores a aumentar su tolerancia al riesgo a medida que avanzan en sus empresas.

Sin embargo, la volatilidad puede ser un problema incluso cuando se localiza una acción fiable con la que operar. A menudo, las pérdidas pueden superar sus expectativas porque los precios pueden desplomarse de forma rápida e impredecible. Dado que muchas penny stocks son producidas por empresas que buscan obtener un beneficio rápido, puede resultar difícil estimar su valor real. La viabilidad a largo plazo también es poco probable.

Cómo encontrar e investigar Penny Stocks

Existen numerosos lugares en los que se puede comprar un montón de penny stocks. Encontrarlas es fácil; seleccionar las mejores, difícil.

Bien, ahora que ya sabes lo que son las penny stocks, has llegado a la conclusión de que el mercado de penny stocks es adecuado para ti. Podrías preguntarte cómo encontrar penny stocks, por dónde empezar y cómo comprar penny stocks. Esta es la etapa más difícil, ya que la falta de investigación y una compra impulsiva pueden dar lugar a errores y pérdidas costosas.

Es todo un reto encontrar las mejores penny stocks. La probabilidad de éxito aumentará considerablemente si te tomas el tiempo necesario para investigar las listas de penny stocks y obtener datos sobre empresas concretas. No es aconsejable comprar una penny stock porque te la sugirió un compañero de trabajo que oyó hablar maravillas de ella en el autobús.

Así pues, ahora estás pensando dónde comprar penny stocks y cómo investigar penny stocks.

En muchos sitios web se pueden encontrar listas de las mejores inversiones en penny stocks. Aquí es fundamental actuar con cautela y saber distinguir entre las penny stocks que son reales y las que son objeto de esquemas de pump-and-dump. El primer paso es encontrar un sitio web en el que aparezcan acciones de bajo coste. La página Investing Ideas de Wall Street Survivor, que incluye una lista de varios valores de bajo coste, es un lugar fantástico para empezar. Utiliza MSN's Stock Screener como herramienta adicional para filtrar las acciones en función de factores deseados, como el precio de la acción. Pero también es fundamental saber dónde buscar buenas acciones de bajo coste. Asegúrate de investigar cada empresa después de consultar varias listas en línea. Se puede utilizar una técnica de análisis fundamental o técnico para analizar las empresas; esta última es más típica de las penny stocks.

Cómo negociar Penny Stocks

Has oído las advertencias, pero a pesar de ello sigues queriendo operar con penny stocks. Hoy en día, el comercio rentable de penny stocks es todavía factible. Pero primero debes informarte. A continuación, puedes empezar a operar.

Para negociar con éxito con penny stocks, debes ser un inversor bien informado y familiarizado con el mercado. Las penny stocks pueden tener la mejor relación riesgo-recompensa de cualquier inversión si las negocias correctamente.

Lo segundo que debes hacer es evitar a los estafadores. Lee la letra pequeña de cualquier correo electrónico o anuncio que encuentres en las redes sociales o en los correos electrónicos. La frase "De centavos a dólares al instante" es una excelente introducción al tema de tu mayor sufrimiento.

Puede que un colega te sugiera acciones de la hoja rosa por su bajo valor, o que te encuentres con una lista de acciones OTC que despierte tu interés. Por otro lado, puede que hayas descubierto una inversión de alta calidad. Las acciones OTCMKTS, en cambio, pueden ser fatales.

1. **Regístrate para obtener una cuenta real** - A continuación, regístrate para empezar a operar con acciones de bajo coste. Abre una cuenta real aquí si estás en un escritorio para propagar las apuestas o el comercio de CFD sobre los cambios de precios de penny stocks.

2. **Carga tu cuenta con dinero** - Añadir dinero a tu cuenta es sencillo con una tarjeta bancaria, transferencia bancaria o PayPal.

3. **Investiga un poco para identificar las mejores acciones para ti** - Para ayudarte en la negociación de penny stocks, consulta nuestras herramientas de noticias y perspectivas y nuestra área de noticias y análisis.

4. **Elige si deseas vender o comprar** - Dependiendo de tu enfoque de negociación, decide dónde entrar y salir. Si crees que el precio del instrumento subirá, ve largo y "compre", o ve corto y "vende" si estás seguro de que el precio bajará.

5. **Limita tu riesgo** - Asegúrate de seguir los criterios de gestión del riesgo de tu estrategia antes de colocar tu

operación.

6. **Coloca la operación después de decidir el importe de tu posición** - Aplica órdenes de gestión del riesgo, incluidas órdenes de recogida de beneficios y de limitación de pérdidas, y después confirma tu operación.

7. **Vigila tu posición antes de cerrar la operación** - Cíñete a tu estrategia de negociación y sal cuando alcances el precio objetivo si tu inversión en una acción de bajo coste es rentable.

7

Inversión En Dividendos

Uno de los mejores métodos para invertir es la compra de acciones de empresas que pagan dividendos constantemente. Algunos incluso podrían describir la inversión en dividendos como aburrida, porque se invierte en empresas más consolidadas para obtener pagos graduales y fiables. Sin embargo, las ganancias constantes nunca son monótonas.

La inversión en dividendos sigue teniendo muchas ventajas, aunque las generaciones anteriores de inversores la preferían porque, por lo general, obtenían mayores rendimientos que los actuales.

Qué son los dividendos y cómo funcionan

El pago de dividendos transfiere los beneficios de una empresa a sus accionistas (propietarios de participaciones).

Veamos un ejemplo. Considera la posibilidad de comprar 100 acciones de una empresa por $10 cada una, y que cada acción pague un dividendo anual de $0,50. A lo largo de un año, una inversión de $1.000 produciría $50 en pagos de dividendos. Eso equivale a una rentabilidad por dividendo del 5%, que no está nada mal.

Tú decides qué hacer con tus dividendos. Puedes adquirir acciones de otra empresa, invertir los fondos automáticamente en más acciones de la empresa a través de un plan de reinversión de dividendos (DRIP), ahorrar los fondos o gastarlos.

Seguirás recibiendo esos dividendos mientras la empresa siga pagándolos, independientemente de que el precio de las acciones de la empresa aumente o disminuya.

El atractivo de las acciones que pagan dividendos es que una parte de su rentabilidad procede de pagos trimestrales fiables. Una cartera diversificada de acciones que reparten dividendos puede generar ingresos constantes en todas las condiciones meteorológicas, aunque no todas las empresas que emiten acciones que reparten dividendos pueden seguir haciéndolo en todas las coyunturas económicas.

Cuando se combinan esos dividendos con el crecimiento del capital provocado por el valor creciente de las empresas, los rendimientos globales pueden ser incluso superiores a los del mercado en general.

Invertir en dividendos: Pros y contras

La inversión en dividendos tiene ventajas y desventajas cuando se utiliza para generar ingresos pasivos. Examinémoslas.

Pros

1. Los inversores que deseen generar más ingresos de forma rutinaria sin tomar decisiones de inversión de forma activa pueden considerar el método de inversión en dividendos. En otras palabras, puede proporcionar una fuente constante de ingresos.

2. Si el precio de las acciones con dividendos sube con el tiempo, también pueden proporcionar a los propietarios una revalorización del capital.

3. Dado que los dividendos de las empresas bien establecidas no fluctúan considerablemente debido a los cambios en el entorno económico, este método garantiza la protección frente al mercado de valores.

Contras

1. Los dividendos no siempre se prometen. Una empresa puede optar por dejar de pagar dividendos por completo. Alternativamente, podrían decidir recortar su pago.

2. El eventual techo de rentabilidad es otro de los inconvenientes de la inversión en dividendos para obtener ingresos pasivos. Dada la situación de la economía, ni siquiera las empresas más fiables que reparten grandes dividendos tienen una rentabilidad anual superior al 10%. Sin embargo, hay varias excepciones.

3. Las empresas con una rentabilidad por dividendo excepcionalmente alta pueden parecer atractivas, pero es probable que recorten sus pagos. Por lo tanto, hay que sopesar este peligro y mantenerse alejado de las

trampas de los dividendos de alta rentabilidad.

Cómo identificar los valores que pagan dividendos

Un método para identificar los valores que más dividendos pagan es la rentabilidad por dividendo. Muchos sitios web se centran en los valores con alto rendimiento por dividendo, pero fijarse sólo en la rentabilidad por dividendo puede ser engañoso.

Veamos un título que, hasta hace poco, estaba valorado en $100 por acción y pagaba $5 en dividendos anuales. Sin embargo, las operaciones de la empresa se enfrentaron a dificultades, y sus acciones cayeron a $50, aunque sigue distribuyendo $5 anuales en dividendos. La rentabilidad por dividendo se habría cuadruplicado rápidamente del 5% al 10%. En este caso, un aumento de la rentabilidad por dividendo no es indicativo de una empresa próspera, sino más bien un síntoma de estrés.

Si el precio de las acciones de una empresa cae, es posible que tenga problemas y que la junta directiva quiera replantearse el dividendo. Esto subraya la necesidad de fiabilidad a la hora de elegir valores que paguen dividendos. ¿Es esta empresa lo suficientemente estable como para seguir pagando los dividendos prometidos -y quizás incluso incrementarlos gradualmente con el tiempo?". Las empresas de los Aristócratas del Dividendo, un grupo de empresas que históricamente han aumentado el pago de dividendos a lo largo del tiempo, son un lugar donde buscar valores con dividendos fiables. El pago medio de dividendos de los valores de determinados sectores, como los servicios públicos y el inmobiliario, también puede ser mayor.

El ratio de pago de dividendos, que elimina la volatilidad de los precios de las acciones comparando los beneficios de una empresa con su pago de dividendos por acción, es otra medida para identificar empresas de dividendos de alta calidad. El ratio de reparto de una empresa es del 50% si gana $2 por acción en un trimestre concreto y distribuye un dividendo de $1 por acción.

Los ratios de reparto más bajos deberían indicar dividendos menos volátiles; alternativamente, un ratio de reparto bajo puede indicar que una empresa necesita aumentar su dividendo. Una empresa puede tener que reducir sus dividendos si su ratio de reparto supera el 100%, ya que da a los accionistas más dinero del que gana. También significa que sus beneficios están bajo presión. Por otra parte, un ratio de reparto en constante aumento podría significar una empresa fuerte que opera en un sector estable.

Cómo construir una cartera de dividendos

Los seis pasos para construir tu cartera son los siguientes:

1. **Distribuye las buenas acciones que posees** - Recuerda que inviertes para tus futuras necesidades de ingresos, no para hacer con tu dinero la fortuna del rey Salomón. En vista de ello, deja la gestión de carteras con objetivos muy concretos a las personas que viven y respiran renta variable. El objetivo principal no debe ser el crecimiento, sino los dividendos. No estás obligado a asumir riesgos empresariales.

2. **Incluye entre cinco y siete industrias en tu ponderación para aumentar la diversidad** - Tener diez empresas petroleras es maravilloso, siempre y cuando el petróleo no baje a 10 dólares por barril. El objetivo principal es la estabilidad y el crecimiento de los dividendos, por lo que debe evitarse una reducción. Si tus dividendos se reducen, confirma que no se trata de un problema generalizado que afecte a todos tus valores simultáneamente.

3. **Elige la estabilidad por encima del desarrollo en tus finanzas** - La mejor situación es tener ambas cosas, pero en caso de duda, es preferible tener más recursos financieros a experimentar más ganancias de cartera. Las calificaciones crediticias de una empresa pueden servir para calibrar esto. Todas las acciones del índice Value Line están calificadas por el Value Line Investment Survey de A++ a D. Para obtener el menor riesgo, concéntrate en las "As".

4. **Busca empresas con ratios de retribución razonables** - Es la relación entre dividendos y beneficios. Para dejar margen de error en caso de problemas empresariales imprevistos, es preferible un ratio de reparto del 60% o menos.

5. **Busca empresas con un historial de aumento de dividendos** - Cuando pagó 0,01 dólares por acción en dividendos trimestrales en 2011, la rentabilidad de Bank of America (BAC) era solo del 0,1%. Con un pago trimestral de 0,21 dólares en 2021 -un aumento de 20 veces- la rentabilidad por dividendo ha subido al 2,2% diez años después. Así es como se pretende que funcione. La lista "Dividend Aristocrats" de S&P, "Div-

idend Achievers" de Mergent y el Value Line Investment Survey son buenos lugares para empezar a buscar candidatos para la cartera que hayan aumentado sus dividendos anualmente. Suponiendo que el negocio siga siendo rentable, las empresas que aumentan sistemáticamente sus dividendos tienen tendencia a hacerlo en el futuro.

6. **Los dividendos se reinvierten** - Reinvierte los dividendos si empiezas a invertir para obtener ingresos con bastante antelación al momento en que necesitarás el dinero. Con un solo paso, puedes aumentar inesperadamente el crecimiento de tu cartera con poco trabajo.

Aunque no es lo ideal, la estrategia de dividendos nos da más posibilidades de superar a la inflación que una cartera de sólo bonos a largo plazo. Lo ideal es tener ambas cosas. Los inversores que buscan una rentabilidad asegurada del 5% sin riesgo piden lo inalcanzable. Como buscar un seguro que te proteja siempre, tal cosa no existe. Una inflación baja pero constante hace imposible esconder el dinero en el colchón. Los inversores deben asumir riesgos, les guste o no, porque la única forma de evitar la inflación es a través del crecimiento.

8

Fondos De Inversión Inmobiliaria (REITS)

Los REIT recompensan a los inversores con una tentadora alternativa a los planes de salida convencionales. Los inversores inmobiliarios tradicionales dedican su tiempo a comprar y vender activos inmobiliarios. Las empresas inmobiliarias y sus correspondientes dividendos interesan más a los inversores en REIT.

Dado que la inversión en REIT ha demostrado su capacidad para ayudar a inversores de todos los niveles, surgen muchas preguntas, entre ellas: ¿Qué es la inversión en REIT? ¿Son los REIT inversiones acertadas? ¿Qué REITs se compran con más frecuencia? A continuación encontrarás algunas explicaciones a estas y otras preguntas.

¿Qué es un REIT?

Una sociedad REIT posee y a menudo gestiona activos que producen ingresos, como bienes inmuebles. NAREIT amplía esta definición para incluir también a las empresas que prestan dinero para propiedades con ingresos.

Las estructuras organizativas de algunos REIT permiten a la gente comprar bienes inmuebles reales aunque probablemente no podrían permitírselo por sí mismos. Después de todo, gastar decenas de miles de euros en efectivo, si no millones, en comprar y mantener activos inmobiliarios tangibles no es difícil.

Los REIT suelen tener muchas propiedades y pueden invertir en varios tipos de bienes inmuebles. Esto disminuye el peligro de que tu inversión se resienta porque un único inquilino no pague el alquiler o porque una propiedad pierda valor.

Normalmente, los REIT ofrecen a los inversores dos formas de ganar dinero: el pago de dividendos a partir del efectivo sobrante después de pagar los gastos y recibir el alquiler; y la revalorización del capital o el aumento del valor de los bienes inmuebles que posee el REIT.

Naturalmente, cada REIT funciona de forma diferente, por lo que no todos los REIT se beneficiarán de ambas ganancias. Invertir en REIT tiene el mismo riesgo que otros tipos de inversiones.

Cómo funcionan los REIT

Los REIT funcionan de varias maneras, dependiendo del tipo de REIT en el que se invierta. Los REIT suelen invertir en uno o más tipos diferentes de bienes inmuebles. Algunos ejemplos son inmuebles residenciales, ya sean unifamiliares o multifamiliares, oficinas, centros comerciales, hostales, centros de datos, almacenes y otros servicios. Mientras que algunos REIT participan en varios mercados inmobiliarios, otros se concentran en una sola categoría, como los inmuebles comerciales.

Cuando se invierte en un REIT, se adquiere una participación en la empresa que gestiona las propiedades inmobiliarias. Los REIT que cotizan en bolsa son uno de los más comunes. Estos REIT pueden comprarse y venderse durante las horas de mercado, al igual que las acciones en el mercado de valores, ya que se negocian en bolsas abiertas.

El REIT gestiona los bienes inmuebles de forma experta. A la hora de decidir cuándo vender los activos inmobiliarios, busca posibles inmuebles para comprar. Incluso puede supervisar a los inquilinos del inmueble. El REIT debe pagar a la persona que supervisa las propiedades y a los contratistas por esta gestión, lo que tiene un coste. Por ello, los REIT suelen imponer ratios de gastos. Algunos también pueden cobrar los gastos de compra por adelantado.

Al invertir en un REIT, obtienes la ventaja de poseer acciones de la empresa. Se te compensa cuando el REIT decide distribuir beneficios en forma de dividendos. Es posible que puedas vender tus acciones del REIT para asegurarte las ganancias si el REIT aumenta de valor debido a la subida de los valores inmobiliarios que posee.

Aunque algunos REIT están sujetos a la regulación de la SEC, otros no lo están. La normativa puede especificar qué tipo de estados financieros y otros detalles debe proporcionar la empresa a sus inversores. Si inviertes en un REIT no regulado, es posible que no recibas tanta información puntual sobre tu inversión.

Tipos de REIT

Los REIT de capital constituyen la mayoría de los REIT. Estas empresas inmobiliarias poseen viviendas o negocios y supervisan su gestión en nombre de los inversores. Estos REIT permiten a los particulares comprar acciones de REIT en la bolsa de valores.

Como inversor, puedes elegir entre una gran variedad de REIT que invierten en distintos tipos de bienes inmuebles. Estas son algunas de las opciones más populares que puedes encontrar.

REIT minorista

Las propiedades arrendadas a empresas comerciales son propiedad de un REIT minorista. Los fideicomisos de inversión inmobiliaria (REIT) en cuestión pueden ser los propietarios de strip malls, centros comerciales tradicionales, centros comerciales de tiendas de comestibles y enormes centros comerciales de grandes superficies.

REIT residencial

Los REIT residenciales se concentran en casas y otras viviendas. Generan ingresos mediante la propiedad de los inmuebles y su arrendamiento a inquilinos. Estas viviendas pueden ser residencias unifamiliares, complejos de apartamentos, casas móviles o incluso alojamientos para estudiantes universitarios.

Estos REIT pueden concentrarse en varios tipos de inmuebles residenciales o en uno solo. También pueden concentrar sus activos en determinadas zonas que creen que ofrecen oportunidades potenciales o diversificar sus participaciones inmobiliarias en varios lugares.

REIT de oficinas

Los REIT de oficinas son propietarios de inmuebles especializados en oficinas comerciales. Para ganar dinero, alquilan este espacio de oficinas a inquilinos. Desde grandes edificios de oficinas, como rascacielos, hasta pequeños parques de oficinas en ubicaciones suburbanas son tipos típicos de espacios de oficinas controlados por estos REIT.

Al igual que los REIT residenciales, éstos pueden concentrarse en un subconjunto concreto de este tipo de inmuebles. Otros pueden concentrarse en espacios de oficinas diseñados para un inquilino demográfico específico. Alternativamente, pueden concentrarse en espacios de oficinas en una determinada región del país.

REIT sanitario

Este tipo de REIT compra y arrienda inmuebles especializados en la prestación de servicios sanitarios. Puede incluir edificios de consultorios médicos, hospitales, residencias asistidas, residencias de ancianos, etc. Esta forma de propiedad inmobiliaria presenta una oportunidad de inversión especial porque los inquilinos suelen tener necesidades particulares para sus propiedades.

REIT hipotecario

En contraste con las opciones anteriores, un REIT hipotecario, a veces denominado mREIT, es único. Este tipo de REIT realiza inversiones en hipotecas en lugar de poseer bienes inmuebles reales. La mayoría de las compras inmobiliarias están respaldadas por deuda hipotecaria.

Los REIT pueden crear sus propias hipotecas o comprar valores respaldados por hipotecas, que son colecciones de hipotecas. Debido a que el REIT es propietario de la hipoteca, todo el capital y los intereses de los préstamos del REIT deben ser pagados por los prestatarios hipotecarios al REIT.

Cómo invertir en REIT

Como ya se ha dicho, se pueden comprar acciones de un REIT cotizadas en importantes mercados de valores. También se pueden comprar acciones de un fondo de inversión en REIT o de un ETF.

Para ello, debes crear una cuenta de corretaje. Alternativamente, si tu plan de jubilación patrocinado por la empresa permite la compra de REIT, puedes considerar hacerlo. Para obtener más información sobre las inversiones en REIT disponibles, habla con el administrador de tu plan.

El procedimiento es sencillo si abres una cuenta de corretaje (y no tiene ya una). Debes incluir información personal (como tu número de la Seguridad Social y un documento de identidad válido) e información básica de contacto. Se te solicitarán preguntas adicionales sobre tus ingresos, profesión y experiencia previa en inversiones.

Dependiendo de tu elección, puedes darte de alta en los servicios de un corredor de bolsa en línea, utilizando una aplicación móvil o en persona en una sucursal.

Utiliza los recursos educativos y de investigación a tu disposición una vez que tu cuenta esté configurada y accesible en línea para comenzar a evaluar las posibles inversiones en REIT. Tu cuenta de corretaje debe incluir una herramienta de selección que te ayude a perfeccionar tu búsqueda y selección.

Una vez que hayas determinado qué inversión REIT se adapta mejor a tus requisitos y objetivos, puedes comprarla en línea. Antes de proceder, asegúrate de conocer los tipos de comisiones que puede imponerte tu agente de bolsa y cualquier comisión o cargo relacionado con la inversión (como los coeficientes de gastos del fondo).

Debes examinar periódicamente tu inversión en REIT, al igual que el resto de tus inversiones.

9

Gestión De Riesgos Y Optimización De Carteras

La gestión del riesgo, en el contexto de las finanzas, es el proceso de reconocer, analizar y aceptar (o minimizar) la incertidumbre en las decisiones de inversión. La gestión del riesgo es el proceso por el cual un gestor de fondos o un inversor evalúa y se esfuerza por cuantificar la posibilidad de pérdidas en una inversión, como un riesgo moral, y luego decide qué curso de acción (o inacción) seguir a la luz de los objetivos de inversión del fondo y la tolerancia al riesgo.

Riesgo y recompensa van de la mano. Toda inversión tiene un cierto nivel de riesgo, que en el caso de un bono del Tesoro de los Estados Unidos es cercano a cero, o extremadamente alto para algo como las acciones de los mercados emergentes o los bienes inmuebles en mercados con una inflación significativa. El riesgo puede medirse tanto a nivel absoluto como relativo. Los inversores pueden comprender mejor las oportunidades, las compensaciones y los costes asociados a las distintas estrategias de inversión si conocen a fondo el riesgo en todas sus formas.

Formas eficaces de gestionar el riesgo de tu cartera

La inversión implica inevitablemente cierto nivel de riesgo. El riesgo es un factor importante a la hora de determinar los resultados que esperas de tu cartera. Aunque puedes decidir cuánto riesgo deseas afrontar al invertir en un fondo, ese nivel de riesgo puede cambiar con el tiempo en función del mercado y del entorno económico. Además de las condiciones del mercado, es posible que desees ajustar el riesgo de tu cartera a medida que cambien tus objetivos y tu tolerancia al riesgo.

Aunque obtener beneficios es el objetivo último de tu inversión, no podrás maximizar tus rendimientos hasta que modifiques los riesgos en función de tus necesidades. Así pues, he aquí las 7 formas principales de controlar el riesgo de la cartera:

1. Crea un plan para la mayor pérdida posible:

Las pérdidas que más duelen son aquellas para las que no se estabas preparado. Por lo tanto, prepararte y anticiparte a esas pérdidas graves sería la medida más importante. Muchos inversores en renta variable se esfuerzan por determinar la gravedad de las pérdidas, dejando sus carteras expuestas a mercados bajistas y a un rápido deterioro de las condiciones económicas.

A la hora de tomar decisiones de inversión acertadas, te ayudaría disponer de un plan de pérdidas máximas probables que te permitiera ver el peligro al que se enfrenta tu cartera en mercados de pérdidas extremas. Además, te ayudará a asumir riesgos calculados que sean adecuados para tu tolerancia al riesgo y coherentes con tu estrategia de inversión a largo plazo. Te ayudaría examinar la asignación de activos y el valor de la cartera para deconstruir aún más la estrategia de pérdidas potenciales. Evaluando periódicamente tus participaciones, sólo así podrás comprender los riesgos que podrían engullir tu cartera y las modificaciones que debes introducir para reducirlos. Entremos en más detalle en el punto siguiente.

2. Asegurar una cuidadosa asignación de activos:

Una de las estrategias más básicas para minimizar el riesgo de tu cartera es la asignación eficiente de activos (diversificación). Mientras que la asignación de activos analiza el panorama general y cómo el riesgo de un activo complementa o compensa el riesgo de otro en tu cartera, la atención debe centrarse en valores específicos al invertir en activos. Para localizar e invertir en activos infravalorados, investiga a fondo o, si es necesario, realiza un análisis profesional de la cartera. Tu disciplina de inversión debe centrarse en la asignación activa de la cartera.

Incluso si estás satisfecho con cómo has dividido tus inversiones entre los distintos grupos y clases de inversión, debes evaluar constantemente tu cartera y ajustar tus objetivos y las condiciones del mercado. Debes estar atento a los cambios significativos en los precios porque son una señal para ajustar tu cartera de activos.

3. Asegúrate de tener un margen de seguridad:

Un margen de seguridad es importante para la cartera en su conjunto y para cada inversión en ella. ¿Qué es el margen de seguridad? En pocas palabras, es la diferencia entre el valor intrínseco de un título y el precio que tú pagaste por él; cuanto mayor sea tu margen de seguridad, menos riesgo deberás asumir. Con un buen margen de seguridad, puedes experimentar, cometer errores y hacer frente a condiciones económicas difíciles.

Crear un margen de duda también implicaría comprar acciones de empresas reputadas con un historial de éxito y finanzas sólidas e invertir en acciones baratas o recibir enormes descuentos.

4. No expongas tu cartera a la volatilidad:

A primera vista, la volatilidad de la cartera puede parecer poco importante para un principiante porque está equilibrada. Por ejemplo, una simple media aritmética te mostrará que has recibido un 0% (aparentemente no has sufrido ningún daño) si tu cartera ha tenido rendimientos positivos del 50% y rendimientos negativos del 50%. Si analizas correctamente, habrás perdido el 25% de tu patrimonio. Por lo tanto, una mayor volatilidad a largo plazo podría reducir significativamente los rendimientos de tu cartera. Dado que las carteras menos volátiles suelen obtener mejores resultados que las más volátiles, lo lógico es equilibrar la volatilidad de tu cartera.

5. Da prioridad a la liquidez:

Sería útil que tuvieras en cuenta el riesgo de duración a la hora de planificar tu estrategia de reducción del riesgo, lo que significa que, con el tiempo, algunas inversiones pueden volverse más susceptibles a los movimientos del mercado bursátil. Además, la liquidez es esencial, ya que el efectivo te permite beneficiarte de los ciclos del mercado. Por ejemplo, si el mercado está a punto de experimentar una fuerte caída e incluso las acciones deseables se ofrecen con grandes descuentos, no podrás comprarlas si no dispones de efectivo. En consecuencia, debes tener en cuenta constantemente la liquidez al elaborar tu plan de riesgo de cartera.

6. Deja de pensar emocionalmente:

Puesto que todos somos seres emocionales, nuestras acciones y elecciones se ven influidas por nuestras emociones. Sin embargo, al invertir, no hay lugar para el juicio emocional; se trata únicamente de un juego de números. No bases tus decisiones financieras importantes en rumores o titulares de prensa. Asegúrate de construir tu cartera siguiendo un análisis de riesgos exhaustivo y considerando la conexión entre los elementos de tu cartera.

7. Examina tus plazos:

Ten en cuenta que invertir es un maratón, no un sprint. Cuando inviertas, ten en mente el largo plazo en lugar de intentar superar al mercado rápidamente. Asegúrate de que tus plazos de inversión son precisos y se ajustan a tus objetivos financieros y personales. Las prisas por superar al mercado pueden provocar pérdidas sustanciales en la cartera.

Cómo optimizar tu cartera para obtener el máximo rendimiento

El éxito de cualquier inversor depende de tener una cartera bien diversificada. Como inversor particular, debes saber cómo elegir la combinación de activos que mejor se adapte a tus objetivos de inversión y a tu tolerancia al riesgo. En otras palabras, tu cartera debe proporcionarte tranquilidad al tiempo que satisface tus necesidades futuras de liquidez. Mediante un proceso sistemático, los inversores pueden crear carteras que se ajusten a sus estrategias de inversión. He aquí algunas acciones cruciales para utilizar una estrategia de este tipo.

1. Elegir la asignación de activos adecuada:

Determinar tu situación financiera y tus aspiraciones es el primer paso para crear una cartera. La edad, el tiempo de que dispones para construir tus inversiones, el número de fondos a invertir y las futuras necesidades de ingresos son factores cruciales a tener en cuenta. Una persona casada de 55 años que pretenda ayudar a pagar la educación universitaria de un hijo y jubilarse en los diez años siguientes necesita un planteamiento de inversión diferente al de un licenciado universitario soltero de 22 años que acaba de empezar su carrera.

Tu personalidad y tolerancia al riesgo son un segundo factor a tener en cuenta. ¿Quieres arriesgarte a perder algo de dinero a cambio de la posibilidad de obtener mayores beneficios? Todo el mundo quiere obtener grandes rendimientos cada año, pero si te cuesta conciliar el sueño cuando tus inversiones experimentan un descenso temporal, es probable que los altos rendimientos de ese tipo de activos no merezcan la pena.

2. Desarrollar la cartera:

Una vez que hayas elegido la combinación ideal de activos, te resultará útil distribuir tu capital entre las clases de activos pertinentes. No es complicado: las acciones son acciones y los bonos son bonos.

Sin embargo, puedes dividir aún más las distintas clases de activos en subclases, cada una con un conjunto único de riesgos y recompensas potenciales. Un inversor podría, por ejemplo, distribuir el elemento de renta variable de la cartera entre empresas con distintas capitalizaciones bursátiles, sectores industriales y acciones nacionales y extranjeras. El componente de renta fija puede dividirse entre bonos a corto y largo plazo, deuda pública y deuda empresarial, etc.

3. Reevaluación de las ponderaciones de la cartera:

Una vez establecida la cartera, debes revisarla periódicamente y reequilibrarla, ya que los cambios en la evolución de los precios pueden hacer que cambien las ponderaciones iniciales. Calcula los valores relativos de las inversiones con respecto al total y clasifícalas objetivamente para obtener la asignación de activos real de tu cartera.

Tu situación financiera actual, tus exigencias futuras y tu tolerancia al riesgo son otros factores que podrían cambiar con el tiempo. Es posible que tengas que modificar tu cartera si cambian estos factores. Puede que necesites tener menos acciones si tu tolerancia al riesgo ha disminuido. O tal vez tu asignación de activos dicte que una pequeña parte de tus activos se invierta en valores de pequeña capitalización más arriesgados porque ahora estás dispuesto a asumir un riesgo adicional.

Para reequilibrar, averigua cuáles de tus posiciones están sobreponderadas e infraponderadas. Por ejemplo, tu asignación de activos indica que sólo deberías tener un 15% de tus activos en acciones de pequeña capitalización, pero ya tienes un 30% de estos valores. Elegir qué parte de esta posición disminuir y distribuir a otras clases forma parte del proceso de reequilibrio.

4. Reequilibrio estratégico:

Elige qué valores infraponderados comprarás con el dinero procedente de la venta de los valores sobreponderados tras determinar qué valores necesita reducir y en qué cuantía. Utiliza los métodos descritos en el paso 2 para seleccionar tus valores.

Aunque tu inversión en acciones de crecimiento haya aumentado significativamente durante el último año, podrías estar sujeto a fuertes impuestos sobre las plusvalías si vendes todas tus inversiones en renta variable para reequilibrar tu cartera. En esta situación, podría ser más ventajoso dejar de hacer aportaciones futuras a esa clase de activos mientras continúa con las aportaciones a otras clases de activos. De este modo, disminuirás gradualmente el porcentaje de valores de crecimiento en tu cartera sin que se disparen los impuestos sobre plusvalías.

Al mismo tiempo, ten siempre presentes las perspectivas de tus valores. Puede que desees vender esas mismas empresas de crecimiento sobreponderadas a pesar de las repercusiones fiscales si crees que están a punto de caer. Los documentos de investigación y las previsiones de los analistas pueden ser herramientas útiles para evaluar las perspectivas de tus activos. Además, puedes recurrir a la venta de pérdidas fiscales para reducir el impacto fiscal.

Debes dar prioridad al mantenimiento de la diversificación a lo largo de todo el proceso de creación de tu cartera. Debes diversificar dentro de cada clase de activos y limitarte a poseer valores de cada una de ellas. Asegúrate de que tus inversiones en una determinada clase de activos están dispersas en varias subclases y sectores industriales.

Como ya hemos comentado, el uso de fondos de inversión y ETF permite a los inversores lograr una buena diversificación. Con la ayuda de estos vehículos de inversión, los inversores particulares con poco dinero pueden beneficiarse de las mismas economías de escala que los inversores institucionales y los grandes gestores de fondos.

10

Puesta En Común - Tu Plan De Inversión

La compra de tu primera casa o estar preparado para la jubilación son hitos financieros cruciales que pueden alcanzarse con un plan de inversión bien pensado. También puede ayudarte a prepararte para los altibajos típicos del mercado y a aprovechar las oportunidades que se presenten.

Creación de un plan de inversión personalizado

Para crear una estrategia de inversión no basta con elegir unos cuantos valores. Sería útil tener en cuenta tu situación financiera actual y tus objetivos a largo plazo. Para determinar tu asignación ideal de activos, también es crucial especificar tu marco temporal y el nivel de riesgo que estás dispuesto a asumir. Todas estas acciones ayudan a reducir cualquier peligro que puedas tener en el mercado de valores. Planificar antes de invertir tu dinero es, por tanto, una decisión muy prudente. Para ayudarte a comprender tu situación financiera, puede que necesites estudiar mucho o hablar con un asesor financiero.

1. Evalúa tu situación financiera actual:

Definir tu situación financiera actual es el primer paso para crear un plan de inversión para el futuro. Determina de cuánto dinero dispones para invertir. La creación de un presupuesto te ayudará a determinar tus ingresos discrecionales mensuales después de los gastos y los fondos de emergencia. Entonces podrás calcular cuánto puedes invertir de forma razonable.

También es crucial pensar en el grado de liquidez o accesibilidad que necesitas para tus inversiones. Si necesitas cobrar tu inversión rápidamente, invierte en activos más líquidos, como acciones, en lugar de bienes inmuebles.

2. Establece objetivos financieros:

Definir tus objetivos financieros es el siguiente paso en la creación de un plan de inversión. ¿Qué te motiva a invertir? ¿Qué pretendes comprar con tu dinero? Puede ser cualquier cosa, desde comprar un coche dentro de un par de años hasta jubilarte cómodamente dentro de unas décadas.

También debes especificar el marco temporal de tus objetivos. ¿Cuándo esperas que tus inversiones produzcan beneficios? ¿Te interesa más el crecimiento de la inversión a largo plazo o el crecimiento acelerado?

Tus objetivos pueden clasificarse en tres grupos básicos: seguridad, ingresos y crecimiento. Buscas seguridad cuando quieres que los activos generen ingresos corrientes para poder vivir de ellos. Buscas ingresos para vivir de ellos cuando quieres que las inversiones generen crecimiento patrimonial a largo plazo. Puedes decidir qué estrategia de inversión es la ideal para ti en función de en cuál de estas tres categorías encajen tus objetivos.

3. Establece tu horizonte temporal y tu tolerancia al riesgo:

Elegir cuánto riesgo estás dispuesto a asumir será el siguiente paso en el desarrollo de tu estrategia de inversión. Puedes asumir más riesgos cuando eres más joven porque tu cartera tendrá más tiempo para recuperarse de las pérdidas. Los inversores mayores deben buscar productos menos arriesgados e invertir más dinero por adelantado para fomentar el crecimiento.

Además, las inversiones más arriesgadas tienen el potencial de proporcionar grandes rendimientos, así como pérdidas considerables. Apostar por una acción o un terreno baratos puede salir bien o suponer una pérdida de capital. Si quieres acumular riqueza con el tiempo, puedes elegir una estrategia de inversión más segura.

Comparado con tu equivalente en riesgo, determinar tu horizonte temporal es muy sencillo. El término se refiere al momento de retirar fondos de tus inversiones para alcanzar tus objetivos financieros a largo plazo. Horizonte temporal significa efectivamente jubilación para la gran mayoría de los estadounidenses.

Puedes crear una asignación de activos fiable determinando tu tolerancia al riesgo y tu horizonte temporal. Utilizando tu perfil de inversor, puedes determinar en qué invertir y qué proporción de toda tu cartera debe representar cada inversión.

4. Selecciona una inversión:

Tomar una decisión de inversión es la última etapa. Tienes acceso a muchas cuentas para tus activos. Tu situación financiera, tus objetivos y tu nivel de tolerancia al riesgo serán factores que te ayudarán a elegir las mejores inversiones. Piensa en invertir en acciones, bonos, fondos de inversión, planes 401(k) e IRA; cuentas de ahorro bancarias o certificados de depósito (C.D.s), y planes de ahorro 529 para la universidad. Los bienes inmuebles, las obras de arte y otros bienes tangibles también son opciones de inversión.

Independientemente de dónde decidas invertir, diversifica tus inversiones. No querrás invertir todo tu dinero en acciones y arriesgarte a perderlo todo, por ejemplo, si la bolsa se desploma. Para maximizar tu estabilidad y crecimiento, lo mejor es dividir tus activos en unas cuantas categorías de inversión diferentes que se ajusten a tus objetivos y a tu tolerancia al riesgo.

Cuando llegues a este punto del procedimiento, quizá sea el momento de hablar con un asesor financiero. Un asesor puede ayudarte a seleccionar las mejores inversiones para tu dinero en función de tus objetivos y tu situación financiera actual.

5. Observa y reequilibra tus inversiones:

No es buena idea dejar solas tus inversiones después de hacerlas. Debes revisar periódicamente tus inversiones para determinar cómo van y si necesitas reequilibrarlas.

Por ejemplo, puede que no estés invirtiendo lo suficiente cada mes y, por lo tanto, no estés en camino de alcanzar tus objetivos, o puede que estés invirtiendo más de lo que deberías y, por lo tanto, estés adelantado. Si tus inversiones van bien y quieres asumir más riesgos para alcanzar antes tus objetivos, puedes cambiar tu dinero a una inversión más segura a medida que te acerques a la consecución de tus objetivos a largo plazo.

Cuando creas que tu estrategia de inversión es sólida, debes reequilibrar tu cartera. Esto implica devolver la asignación de activos de tu cartera a la composición original. Imaginemos, por ejemplo, que tus inversiones en acciones superan al resto de tu cartera por un amplio margen. Puede tener sentido reinvertir el producto de la venta de algunas de tus acciones en otras categorías de inversión para mantener la asignación correcta de activos. Bonos, certificados de depósito, ETF y otras inversiones pueden ser algunas de ellas.

Alcanzar la libertad financiera mediante la inversión inteligente

La libertad financiera es cuando sabes que tus necesidades y deseos pueden satisfacerse sin experimentar estrés financiero. Implica ser libre para tomar decisiones sobre tu vida sin verte limitado por obligaciones financieras, como cambiar de empleo, viajar o dedicarte a aficiones.

Objetivos a largo plazo como la libertad financiera requieren preparación, diligencia y decisiones financieras astutas. Invertir es una de las mejores estrategias para conseguir la independencia financiera. He aquí algunas formas en que la inversión puede ayudarte a alcanzar la libertad financiera:

Comienza a invertir pronto

Las métricas para invertir y "al que madruga Dios le ayuda" coinciden. Cuando empiezas a invertir pronto, das tiempo suficiente a tus inversiones para que aumenten por la fuerza de la capitalización.

No es necesario invertir mucho dinero; incluso inversiones pequeñas pero seguras pueden ayudarte a crear riqueza y aumentar tu seguridad financiera futura.

Sea cual sea tu edad, nunca es tarde para empezar.

Rendimientos compuestos

Con el tiempo, tus activos podrían aumentar espectacularmente, gracias a la magia de los rendimientos compuestos. Puedes ganar intereses sobre tus inversiones principales y acumuladas reinvirtiendo los rendimientos de las inversiones. De este modo, tus inversiones pueden crecer espectacularmente con el tiempo.

Diversificación

Puedes repartir el riesgo y reducir las pérdidas invirtiendo en varios activos, como acciones, bonos, fondos de inversión, ETF o materias primas. La ventaja de la diversificación es que evita que pongas todos los huevos en la misma cesta.

Sé paciente

La paciencia y la disciplina son necesarias para invertir. Aunque puede resultar tentador centrarse en las ganancias a corto plazo en mercados impredecibles, es fundamental mantener los objetivos a largo plazo. Cuando el mercado caiga, resiste el impulso de vender tus inversiones y espera a que se recupere.

Mantente al día

Mantenerse al día de la actualidad empresarial, la situación económica y las tendencias del mercado es fundamental. Esto puede ayudarte a tomar decisiones de inversión acertadas y evitar errores costosos.

Establece tu presupuesto

Elabora un presupuesto que controle tus ingresos y gastos. Esto te ayudará a encontrar áreas en las que puedes minimizar tus gastos y maximizar tus ahorros.

Sigue invirtiendo

Invierte regularmente en activos que se ajusten a tu propensión al riesgo y a tus objetivos a largo plazo. Puedes practicar la inversión sin arriesgar tu dinero utilizando un programa de negociación virtual como StockPe.

Conclusión

Para los principiantes puede resultar desalentador aprender a invertir en acciones, pero sólo implica decidir qué estrategia de inversión quieres seguir, qué tipo de cuenta tiene sentido para ti y cuánto dinero debes invertir.

Si estás empezando como inversor, puedes invertir en acciones con una buena cantidad de efectivo. Tendrás que investigar para conocer tus objetivos de inversión, tu tolerancia al riesgo y los gastos relacionados con la inversión en acciones y fondos de inversión. Además, lo mejor será que investigues varios corredores de bolsa para ver cuál puede satisfacer mejor tus demandas y entender tus requisitos exclusivos.

Una vez que lo hagas, estarás en buena posición para beneficiarte de las importantes ventajas financieras que las acciones pueden ofrecerte con el tiempo.

www.ingramcontent.com/pod-product-compliance
Lightning Source LLC
LaVergne TN
LVHW010843051026
849532LV00007B/2805
* 9 7 8 9 9 2 5 3 8 0 5 1 0 *